Así nace
una rana

Santillana

Título original: *Starting Life Frog*
© 2003, Andromeda Oxford Limited

© De esta edición:
2003, Santillana USA Publishing Company, Inc.
2105 NW 86th Avenue, Miami, FL 33122
www.santillanausa.com

Autor: Claire Llewellyn
Ilustrador: Simon Mendez
Dirección Editorial: Ruth Hooper
Diseño: Rebecca Painter
Asesoría científica: Robert y Valerie Davies
Traducción: María Cristina Giraldo

ISBN: 1-59437-789-8

Impreso en China

03 04 05 06 07 08 09 10   10 9 8 7 6 5 4 3 2 1

Así nace
una rana

Claire Llewellyn
Ilustraciones de Simon Mendez

En una mañana de abril, una
rana pone sus huevos en un
estanque. Se demora un buen
rato porque pone muchos:
unos 4,000 en total.

Perca

Las huevas están rodeadas
de una gelatina que las
protege del ataque
de los animales.

La masa que forman los huevos se llama hueva. Cada huevo parece un diminuto punto negro, envuelto en una bola gelatinosa. La gelatina lo protege de los peligros del estanque.

La rana pone sus huevos cerca de una hoja, debajo del agua, donde el sol los caliente.

Hueva

Gran ditisco

Piscardo

Los huevos cambian rápidamente.
Dentro de cada huevo crece un embrión
que muy pronto comienza a parecerse
a un renacuajo. En dos semanas
salen los renacuajos.

*Hoja
de loto*

Cada renacuajo recién nacido
tiene un parche pegajoso en la
panza que le ayuda a pegarse a
las plantas acuáticas.

Los renacuajos recién nacidos no saben nadar. Se pegan a la gelatina, a las hojas y a los tallos acuáticos por unos días, mientras se desarrollan un poco más.

Dentro de cada huevo crece un embrión. Así comienza un renacuajito.

Los renacuajos salen al agua unas dos semanas después de que la rana pone los huevos.

Caracol de agua

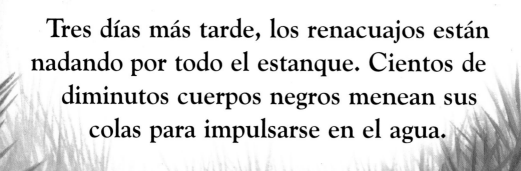

Tres días más tarde, los renacuajos están nadando por todo el estanque. Cientos de diminutos cuerpos negros menean sus colas para impulsarse en el agua.

Los renacuajos tienen muchos enemigos. Las larvas de libélula son unas feroces cazadoras que los atrapan en sus mandíbulas.

Larva de libélula

Los renacuajos se alimentan de unas plantas babosas llamadas algas, que crecen sobre las piedras y hojas acuáticas.

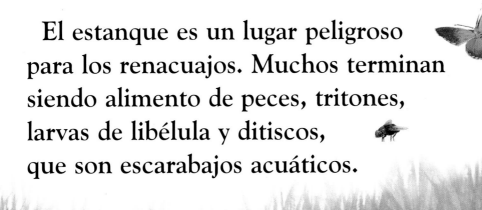

El estanque es un lugar peligroso
para los renacuajos. Muchos terminan
siendo alimento de peces, tritones,
larvas de libélula y ditiscos,
que son escarabajos acuáticos.

Los renacuajos tienen en la cabeza
branquias negras y plumosas que
les ayudan a respirar en el agua.

Cola
larga y
fuerte

Cabeza
redonda

Larva
de ditisco

A las dos semanas de haber salido del huevo,
los renacuajos empiezan a cambiar.
Primero se les alarga la cola. Luego
les crecen las patas traseras.

Capullo
de loto

Araña de agua

Las branquias de los
renacuajos se achican día
tras día. Muy pronto
desaparecerán.

8

Mientras tanto, dentro de sus cuerpecitos
se empiezan a formar los pulmones.
En poco tiempo, éstos reemplazarán a
las branquias, y les permitirán respirar
fuera del agua.

Al renacuajo le sale un
par de patas traseras.
En cada pata crecen
cinco largos dedos.

En las semanas siguientes, a los renacuajos les sale un par de patas delanteras, y sus branquias desaparecen. Ahora, nadan hasta la superficie para llenar sus pulmones de aire.

Los renacuajos se parecen más a las ranas a medida que sus patas crecen y su cola se achica.

Imago

Con los ojos saltones, la boca ancha y el cuerpo más robusto, los renacuajos se parecen cada vez más a las ranas. Ahora se llaman imagos. Este maravilloso cambio de renacuajo a rana se llama metamorfosis.

Lirio amarillo

Para mediados del verano hay pocos renacuajos en el estanque. Los depredadores se han comido a muchos de ellos.

Las patas delanteras salen cuatro semanas después de que han salido las patas traseras.

Semana tras semana, los imagos crecen y se ponen fuertes. En los últimos días del verano, empiezan a dejar el estanque. Las ranas pertenecen al grupo de animales llamados anfibios. Los anfibios nacen en el agua, pero cuando son adultos viven en la tierra.

El cuerpo va absorbiendo la cola, que cada día es más chica.

Flor de loto

Las flores de loto crecen en tallos largos y gomosos que tienen las raíces en el fondo del estanque.

El cuerpo del imago sigue cambiando. La cola se sigue encogiendo. Pronto desaparecerá. También está creciendo algo dentro de la boca. ¡Es la lengua larga y pegajosa de la rana!

Libélula

Las ranas jóvenes salen del agua, pero se mantienen muy cerca del estanque.

Una rana es adulta unos dos años después de que deja el estanque. Entonces mide tres o cuatro pulgadas (8-10 cm) de largo, y su piel es pecosa, de color café verdoso. La rana tiene ojos muy grandes y saltones. Detrás de cada ojo está el tambor del oído, llamado tímpano, que le sirve para oír.

Piel suave y húmeda

Rana hembra

Las ranas son pequeñas pero pueden saltar muy lejos. Cuando se empujan con sus fuertes ancas traseras, recorren grandes distancias. También se mueven bien en el agua. Sus patas, largas y palmeadas, son aletas perfectas que las convierten en excelentes nadadoras.

Las patas delanteras de la rana son muy cortas. Le sirven para apoyarse cuando está sentada.

El círculo oscuro que tiene la rana a cada lado de la cabeza es el tímpano. Estos círculos son más grandes en los machos.

Rana macho

La rana no es exigente para comer y se alimenta de cosas muy diferentes. Salta rápidamente del agua para tragar caracoles y atrapar las moscas que zumban por el aire. En la tierra, caza saltamontes, arañas, escarabajos, gusanos y otros insectos.

¡Zap! Un grillo queda atrapado en la punta pegajosa de la larga lengua de la rana.

Babos

Grillo

A veces, una rana pasa horas en silencio, esperando a que pase algo para comer. Cuando su presa aparece, la rana usa un arma mortal: su lengua larga, veloz y pegajosa. Atrapa a su víctima, la lleva hacia adentro de su boca y se la traga de un solo bocado.

Los grandes ojos de la rana están a los lados de la cabeza, por lo que puede ver todo a su alrededor.

Caracol

Hay tantos animales que comen ranas que para ellas sobrevivir no es nada fácil. Las nutrias, los peces, los pájaros y las culebras son excelentes cazadores de ranas.

Alcaraván

Una garza de vista aguda ataca con su pico largo y puntiagudo, y saca del agua a una rana.

Es difícil ver una rana, porque su piel es pecosa. Esta manera de esconderse en el ambiente se llama camuflaje.

Lucio

18

Por suerte, las ranas tienen varias formas de protegerse. Mientras no se muevan, es muy difícil verlas, porque el color café verdoso de su piel es igual al del ambiente que las rodea. Además, con su buena vista y su excelente oído pueden detectar el peligro rápidamente.

Una culebra se desliza cerca del estanque esperando atrapar a una desafortunada rana.

Una rana salta al estanque para escapar del peligro, pero los lucios, las percas y otros cazadores aguardan en las profundidades.

Nutria

Los días se vuelven más fríos,
y pronto llegará el invierno.
Las ranas buscan un lugar seguro
para refugiarse. Las ranas jóvenes
y las hembras se ocultan en la tierra,
debajo de troncos o de montones de
hojas. Ahí, caen en un profundo sueño
invernal llamado hibernación.

Los cálamos mueren
en el invierno.

Cuando una rana hiberna, su
corazón apenas palpita.

20

Los machos no hibernan en la tierra sino en el lodo del fondo del estanque. En vez de respirar por sus pulmones, respiran muy despacio por su piel. A veces el estanque se congela, pero mientras haya agua en el fondo, las ranas durmientes sobrevivirán.

Los peces descansan en lo más profundo del estanque. Al enfriarse el agua, se tranquilizan. Comen muy poco en el invierno, por lo que las ranas pueden hibernar en paz.

El fondo del estanque está cubierto de un lodo suave y de hojas muertas. Es un buen lugar para que las ranas hibernen.

Los meses fríos pasan y llega la
primavera. Los días son cada vez
más largos y cálidos, y las ranas
comienzan a despertar. Los machos
suben a la superficie del estanque,
y las hembras también dejan de
hibernar. Todavía soñolientas,
se dirigen despacio hacia
el estanque.

En una soleada mañana de primavera, el fuerte canto de una rana llena el aire. En el estanque, los machos cantan para llamar a las hembras, que en breve se les unen para procrear. Pronto, una masa de huevas flota en el agua, y nuevas ranas empiezan allí la vida.

Las algas empiezan a crecer en el estanque. Servirán de comida a los renacuajos que salgan de los huevos.

En la primavera, el estanque es un lugar activo. Ranas, peces, tritones y otras criaturas ponen sus huevos en el agua tibia.

¡CROAC! es el sonido que hace el canto de una rana macho. Los machos croan para atraer a las hembras al estanque. Un grupo de machos croando puede ser muy ruidoso.

Glosario e índice

Algas Plantas pequeñas que crecen como una alfombra sobre las rocas y plantas acuáticas.   6, 23

Anfibios Grupo de animales, que incluye ranas, sapos, tritones y salamandras, que viven parte en el agua dulce y parte en la tierra. La mayoría pone los huevos en el agua.   12

Branquias Parte del cuerpo de un anfibio o un pez que le ayuda a respirar bajo el agua.   7, 8, 9

Camuflaje Los colores y las manchas de un animal que le ayudan a confundirse con el ambiente.   18

Embrión Ser vivo diminuto que se desarrolla dentro del huevo de un animal.   4, 5

Hibernación Sueño largo y profundo que ayuda a los animales a sobrevivir durante el invierno. (*Hibernar*)   20, 21, 22

Hueva Masa de huevos de rana envueltos en una gelatina.   2, 3, 23

Imago Etapa entre el renacuajo y la rana adulta.   11, 12, 13

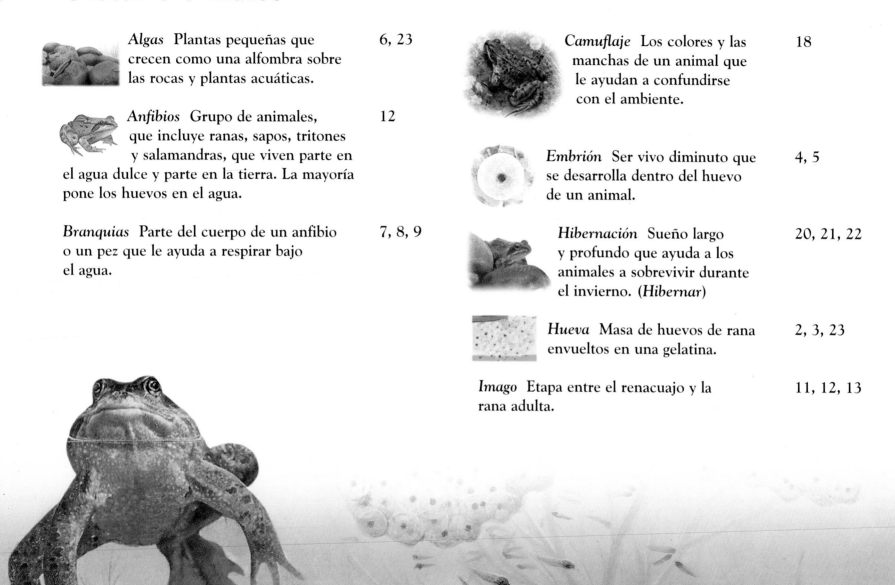

Larva Cría de ciertos insectos, anfibios o peces, después de que sale del huevo. Los renacuajos son las larvas de las ranas. La larva es muy distinta al adulto. 6, 7

Metamorfosis Cambio de un animal joven a adulto, por ejemplo, de renacuajo a rana. 11

Palmeadas Patas cuyos dedos están unidos por una piel delgada. 15

Pulmones Parte del cuerpo de un animal con la que respira. 9, 10

Renacuajo Cría de una rana o de un sapo. 4–11

Tambor del oído Un pedazo de piel, delgado y circular, que detecta los sonidos. 14

Tímpano Parte del cuerpo de una rana con la que oye. También se conoce como tambor del oído. 14, 15

Ciclo de vida de una rana

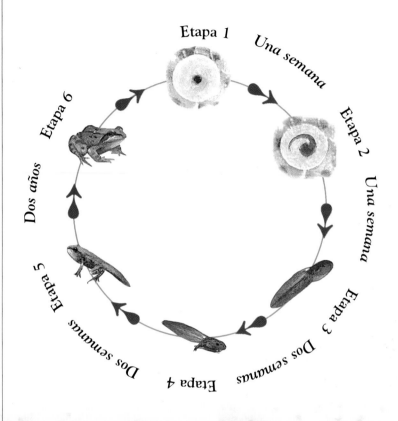

Etapa 1

Una semana

Etapa 2

Una semana

Etapa 3

Dos semanas

Etapa 4

Dos semanas

Etapa 5

Dos semanas

Etapa 6

Dos años